Bibliografische Information der Deutschen Nationalbibliothek: Die
Deutsche Nationalbibliothek verzeichnet diese Publikation in der
Deutschen Nationalbibliografie; detaillierte bibliografische Daten sind
im Internet über dnb.dnb.de abrufbar.

© 2021 Michaela Liegle - www.tierportrait.at
Herstellung und Verlag: BoD – Books on Demand, Norderstedt

ISBN: 9783753482088